SIMPLE NOTE

POUR

L'ABBÉ CAMILLE DE LA CROIX

CONTRE

LA FAILLITE GAMBOGI ET Cie

PARIS

IMPRIMERIE CENTRALE DES CHEMINS DE FER

A. CHAIX ET Cie

RUE BERGÈRE, 20, PRÈS DU BOULEVARD MONTMARTRE.

1872

SIMPLE NOTE

POUR

L'ABBÉ CAMILLE DE LA CROIX

CONTRE

LA FAILLITE GAMBOGI ET Cie

A MESSIEURS LES PRÉSIDENT ET CONSEILLERS
DE LA COUR D'APPEL DE PARIS.

MESSIEURS,

Je suis un prêtre, un religieux, étranger à toute affaire d'intérêt pécuniaire, à toute spéculation. Cependant, j'ai un procès à soutenir par le motif que je vous dirai tout à l'heure, et le Tribunal de Commerce de Paris a repoussé la demande que je lui ai présentée.

Le jugement rendu contre moi m'a

semblé contraire à toutes les règles de l'équité ; mes conseils affirment qu'il viole les principes de la loi. J'ai donc voulu soumettre de nouveau ce que je crois mon droit à votre décision souveraine, et je vais tâcher de vous exposer pourquoi je me trouve mal jugé.

D'abord, je doute, quand il s'agit d'un débat entre un marchand et celui qui ne l'est pas, qu'il soit bon que des commerçants rendent la justice. Les gens de commerce, fort honorables d'ailleurs, se préoccupent professionnellement et sans cesse de gain à réaliser, de bénéfices à obtenir, c'est, il me semble, une mauvaise préparation pour exercer le sacerdoce judiciaire; nous connaissons la définition de la justice :

Justitia est constans et perpetua voluntas jus suum unicuique tribuens.

Je ne crois pas que cette volonté constante de peser le droit de chacun dans une balance scrupuleuse, soit de mise dans le commerce, car pour gagner beaucoup, il faut qu'un autre perde.

A tort ou à raison, je préfère donc au juge commerçant celui qui n'est rien que *magistrat*, et dont la vie entière est consacrée à distribuer la justice.

Maintenant, voici mon procès et d'où il est né.

Dieu m'a doué d'un goût naturel pour la musique ; je l'ai étudiée comme science et comme art ; puis, je me suis voué à l'enseignement et à la culture de la musique sacrée.

Dans mes recherches, j'ai été frappé du mérite éminent des compositions dues aux frères LAMBILLOTTE, tous trois religieux de notre Ordre, qui ont laissé des ouvrages nombreux dont quelques-uns, imparfaitement publiés, sont à peine connus et dont les autres, manus-crits et inédits, sont complétement igno-rés, même des compositeurs ou artistes qui se sont consacrés à la musique religieuse.

J'ai conçu, dès lors, la pensée de mettre en lumière ces productions remarquables et dont plusieurs révèlent un véritable génie musical ; je l'ai voulu pour vulgariser des chants qui célèbrent dignement le Seigneur, et pour conserver à notre Ordre la gloire de les avoir produits.

J'ai fait de cette œuvre sainte le but de mon existence. Pendant dix ans, j'ai parcouru les contrées de la France, de la Belgique, de la Suisse, où avaient séjourné les frères LAMBILLOTTE. Je recherchais leurs compositions manuscrites abandonnées dans des établissements de diverses natures, dans des maîtrises, dans des colléges, dans des couvents, chez de simples prêtres ou leurs héritiers. Je les achetais de mes deniers, quand il le fallait, et j'ai ainsi colligé tout ce que les frères LAMBILLOTTE ont produit de plus important. Outre mon temps, j'ai dépensé dans cette recherche des sommes qui s'élèvent à 25,000 francs au moins.

Quand j'eus ainsi achevé la partie la plus urgente de la tâche que je m'étais imposée, car le temps détruit bien vite les œuvres artistiques auxquelles la gravure n'a pas encore donné une existence durable, j'ai dû me préoccuper de la coordination de tous ces ouvrages, de faire compléter et de compléter moi-même ce qui n'était pas poussé à perfection, de faire orchestrer ou d'orchestrer moi-même, et, enfin, j'ai dû chercher un éditeur.

On m'avait parlé de la maison Gambogi, rue Richelieu, qui était dirigée par deux frères associés; on les disait habiles, honnêtes et peu achalandés. Je pensai que dans ces conditions je trouverais des éditeurs dévoués et je traitai avec eux.

Je leur fis un *pont d'or*. Pour le reconnaître, il suffit de lire le traité qu'ils rédigèrent et que je signai avec eux le 30 septembre 1869.

Je transcris les dispositions de cet acte qui sont utiles à connaître :

« 1° La propriété des œuvres des frè-

res Louis, François et Joseph Lambillotte (telle que la possède M. De la Croix),
est cédée sans aucune restriction, et
pour tous pays, à Gambogi et Cie.

» 2° Ils s'engagent à publier ces
œuvres au fur et à mesure de la livraison
des manuscrits.

» 3° Les frais d'édition des ouvrages
(les planches d'étain à acheter et la gravure à exécuter) seront avancés par
M. De la Croix ; à la fin de chaque tri-
mestre, MM. Gambogi et Cie justifieront
de l'emploi des sommes versées.

» 4° MM. Gambogi et Cie rembourseront à M. De la Croix le capital
qu'il aura ainsi avancé en lui attribuant,
sur la vente de tous les ouvrages, un
droit de vingt-cinq pour cent ou un
quart calculé sur les prix marqués.

» Les planches gravées ayant servi
à l'édition restent la garantie du remboursement qui aura lieu tous les six
mois, dans l'ordre de publication ; de
telle sorte que la première livraison
parue sera remboursée la première et

deviendra alors la propriété exclusive de MM. Gambogi et Cie qui n'auront plus à attribuer de droit sur la vente de cette livraison et dont le matériel se trouvera dégagé, et ainsi de suite jusqu'à remboursement intégral.

» 5° Les quarante-cinq premiers exemplaires imprimés ne paieront pas de droit à M. De la Croix, mais il en recevra lui-même quinze *gratis.* »

Tels sont les termes du traité dont j'élague tout ce qui ne touche pas au procès, mais dont je respecte le texte.

Il résulte de cet acte que je cédais la propriété des œuvres des frères LAMBILLOTTE, telle que je la possédais, à charge par MM. Gambogi et Cie d'en faire la publication dans les conditions arrêtées entre nous.

Ce contrat, dans le droit canon comme dans le droit romain, est ainsi défini : *Do ut facias.*

Je promettais, en outre, de fournir les fonds nécessaires pour qu'on pût faire la publication. On devait me les rendre sur le produit de l'exploitation des planches fabriquées avec mon argent ; jusqu'à paiement, les planches m'étaient affectées par privilége.

J'ai accompli exactement les promesses que j'avais faites. J'ai livré les manuscrits, j'ai fourni les fonds, j'ai donné même le double de ce qui était nécessaire, 31,000 francs, ce qui fait quatre ou cinq fois plus que la somme réellement payée aux fournisseurs.

De leur côté, MM. Gambogi ont manqué à tous leurs engagements vis-à-vis de moi.

Sans parler de l'interruption causée par les désastres d'août 1870 qui se sont prolongés pendant dix mois, car c'est un fait de force majeure, jamais mes éditeurs n'ont publié les manuscrits dans les délais convenus.

Jamais ils n'ont justifié des dépenses faites, et des 31,000 francs que j'ai versés pour ma publication aucun compte ne m'a été rendu ; mes fonds ont été détournés de leur destination, employés à payer des dettes personnélles.

Le graveur, qui n'a presque rien reçu, a retenu les planches gravées pour se garantir, et par suite, mon privilége sur ces mêmes planches n'existe pas.

Les **25** 0/0 du prix des exemplaires vendus ne m'ont pas été payés; je n'ai pas même reçu l'à-compte le plus minime, malgré mes réclamations fréquentes.

Les **15** exemplaires de chaque livraison qui m'étaient alloués ne m'ont pas été livrés.

Enfin. en janvier dernier (1872), MM. Gambogi et Cie ont déposé leur bilan et la Société a été déclarée en faillite. Le Tribunal de Commerce leur a donné pour syndic M. Chevillot et pour juge-commissaire M. Mercier, l'un de ses membres.

Il était évident que l'état de faillite rendait impossible l'exécution de mon traité; que ma publication allait cesser. puisqu'il n'y avait plus d'actif et qu'on ne pouvait me demander d'argent, tant qu'on ne me justifierait pas et de l'emploi des 31,000 francs versés par moi, et de ma main-mise sur les planches gravées.

Je m'adressai donc au syndic pour obtenir la restitution des droits de propriété cédée et des planches gravées, sauf à m'entendre avec le graveur. Il refusa.

Je m'en étonnai fort peu, car ce syndic avait suivi les errements de ses faillis, il avait vendu au rabais ceux de mes ouvrages qui étaient publiés, sans respecter la convention, ni mon droit de prélever 25 0/0 sur les prix marqués.

C'est à peu près comme si, trouvant ses faillis installés dans des lieux loués, il avait prétendu en continuer la jouissance sans payer les loyers.

J'assignai le syndic devant le Tribunal de Commerce pour obtenir justice, en me fondant sur l'inexécution complète des conditions formant le prix de ma cession.

Ordinairement, dans les procès contre les syndics, le juge-commissaire appelle les parties; il entend leurs raisons contradictoires et ne permet pas qu'on soutienne pour une faillite un procès injuste.

Il faut croire que le juge-commissaire, dans le cas actuel, avait une opinion toute formée et qu'il pensait que rien ne pouvait l'ébranler; car, malgré mes offres de me rendre devant lui, et bien qu'il eût à faire un rapport au Tribunal, il ne m'entendit ni ne m'appela.

Bien plus, le juge-commissaire fait toujours partie de la Chambre du Tribunal de Commerce qui juge une affaire intéressant une faillite. M. Mercier présidait, et, après avoir enfin écouté ma défense à l'audience du 9 juillet, il a rendu sur le siége le jugement suivant. Il ne l'a pas improvisé, puisqu'il venait de faire à ses collègues son rapport concluant contre moi ; il s'est contenté de reproduire le contenu de ce rapport et de le formuler en jugement.

« Le Tribunal après en avoir délibéré confor-
mément à la loi :

« Attendu que le 30 septembre 1867, De la
» Croix et Charles Gambogi et C\ éditeurs, ont
» fait un traité pour l'édition et la publication des
» ouvrages de musique des frères Lambillotte, à
» des conditions déterminées, fixant les obli-
» gations respectives des parties, les avances à
» faire par De la Croix, le mode de publication
» des livraisons et leurs prix, le mode de rem-
» boursement des avances ;

» Attendu que De la Croix demande la résilia-
» tion desdites conventions, la restitution des
» planches gravées, ainsi que celles des livrai-
» sons publiées, et comme conséquence, d'être
» déclaré seul propriétaire des œuvres des sieurs
» Lambillotte ;

» Attendu qu'à l'appui de sa demande De la
» Croix soutient :

» *Premièrement*. — Que la publication des
» œuvres aurait éprouvé un grand retard ;

» *Deuxièmement*. — Que la survenance de la
» faillite Gambogi et C\ rendait impossible
» l'exécution des conventions ;

» *Troisièmement*. — Qu'une partie des sommes
» versées par lui aurait été détournée de son
» emploi ;

» *Quatrièmement.* — Que la vente n'aurait été
» que conditionnelle et suspensive, et que ses
» effets auraient été subordonnés à l'exécution
» des conditions du traité ;

» Attendu, sur le premier moyen, que les re-
» tards dans la publication ont été de peu d'im-
» portance ; que ces retards, d'ailleurs, ne sont
» survenus que dans un intérêt réciproque et
» d'un commun accord ;

» Attendu, sur le deuxième moyen, que la
» survenance de la faillite Gambogi et Cie
» ne peut avoir pour effet de délier les parties
» des obligations par elles prises ;

» Attendu, sur le troisième moyen, qu'il n'est
» pas justifié qu'une somme de 15,000 francs
» avancée par De la Croix à un moment détermi-
» né, l'ait été avec une affectation spéciale ; que
» le contraire résulte d'accords postérieurs in-
» tervenus entre les parties ;

» Attendu, sur le quatrième moyen, que De
» la Croix excipe des termes d'un article dénom-
» mé E et qui stipule que Gambogi et Ce opére-
» ront le remboursement des avances de De la Croix
» par l'attribution à ce dernier d'un droit de
» 25 0/0 sur la vente, les planches gravées
» restant la garantie du remboursement, de telle
» sorte que la première édition parue sera rem-
» boursée la première et deviendra ainsi la pro-
» priété exclusive et sans restriction de Gambogi

» et Cie qui n'auront plus dès lors à attribuer de
» droit sur la vente de cette édition ;

» Mais, attendu que par l'article dénommé A,
» la propriété des œuvres des frères Lambillotte
» est cédée sans aucune restriction pour tous
» pays, qu'il résulte de la comparaison des ter-
» mes employés par ces deux articles aussi bien
» que de leur saine interprétation, que cet ar-
» ticle ne contient que des conditions de paie-
» ment et a pour but de fixer quelles devaient
» être les livraisons sur lesquelles les contractants
» entendaient faire porter la remise de 25 0/0 sti-
» pulée et de limiter en même temps le gage que
» les parties entendaient établir sur les planches
» et le matériel, après chaque remboursement
» successif des avances faites par De la Croix ;
» qu'en conséquence, et sans qu'il y ait lieu pour
» le Tribunal de statuer sur la validité de cette
» garantie, il convient de reconnaitre que de
» l'ensemble de ces circonstances, il ressort que
» la cession des frères Lambillotte a été absolue
» et complète, et qu'en décider autrement aurait
» pour résultat d'établir en matière de faillite
» un droit de rétention ou de revendication en
» dehors de ceux qui ont été définis par la loi.

» Qu'à tous égards, donc, la demande de De
» la Croix doit être repoussée.

» Par ces motifs :

» Le Tribunal, jugeant en premier ressort,
» déclare De la Croix *mal fondé en sa demande,*
» l'en déboute et le condamne aux dépens, même
» au coût de l'enregistrement du présent juge-
» ment, les dépens du chef du défendeur faits
» jusqu'à ce jour taxés en marge de la minute
» dudit jugement.

» Au paiement desquels dépens sera le deman-
» deur contraint par toutes les voies de droit.

» Ordonne que le présent jugement sera exé-
» cuté selon sa forme et teneur.

» Ainsi jugé, etc. »

Tel est le jugement que je demande à la Cour d'annuler, et, pour atteindre ce but, qu'il me soit permis d'en faire l'analyse et la critique.

Les juges consulaires résument d'abord les moyens que, selon eux, j'aurais fait valoir en faveur de la résiliation du traité, et ils prennent d'étranges libertés avec mon exploit de demande.

Ils présentent en première ligne, comme invoqué par moi, le retard de la publication (retard réel, mais que je n'ai pas reproché).

En seconde ligne, ils disent que j'invoque l'état de faillite.

En troisième ligne, ils placent le détournement des fonds.

Et, enfin, ils prétendent que je présente la vente que j'ai faite comme conditionnelle.

Cette synthèse est toute de fantaisie ; elle ne rappelle en rien ma cédule introductive d'instance.

En deux mots, voilà ma prétention, et comme je l'ai formulée.

J'ai abandonné ma propriété artistique à MM. Gambogi et Cie, à charge de la publier.

Leur état de faillite et l'abus fait de mon argent à eux versé, leur rendent à l'avenir la publication impossible.

Puisque mes parties adverses n'exécutent pas et ne peuvent plus exécuter la partie du contrat à leur charge, vous devez me délier de l'engagement pris par moi vis-à-vis d'eux, de leur laisser ma propriété.

Ce raisonnement est logique et irréfutable; c'est probablement le motif qui fait qu'on l'a travesti dans le jugement.

Il faut cependant que je suive dans ses réfutations ce jugement qui pêche par sa base.

Premièrement. — Quant à la réfutation du premier motif supposé : *le retard de la publication*, je n'en parle pas ; je ne l'ai pas invoqué et il m'est inutile ;

Deuxièmement. — *A l'état de faillite* que j'invoque, le juge répond gravement que « la faillite ne délie pas les parties des obligations par elles prises ».

Eh bien ! MM. Gambogi et Cie sont toujours tenus de publier. Or, ils ne publient pas ; leur syndic pas davantage, et ils ne le peuvent ni les uns ni l'autre, car la faillite est sans ressources, et l'argent que, en exécution du traité, j'ai versé pour la publication, a été soustrait et dissipé.

Le droit commun existe pour les faillis et leurs syndics comme pour tout le monde ; cela étant, puisque le contrat n'est pas exécuté ni exécutable par mes adversaires, il faut le résilier et mettre les choses dans l'état où elles étaient avant ma cession, c'est-à-dire me restituer ma propriété dont je ne reçois plus l'équivalent promis.

Troisièmement. — Le jugement se débarrasse du *détournement* de mes fonds, en disant *qu'il n'est pas justifié que 15,000 francs versés par moi en dernier lieu, l'aient été pour l'opération* et que le contraire résulte d'accords postérieurs.

J'ignore quelle est la pièce qui m'est ainsi opposée, car on se dispense de l'énoncer ; mais j'ai le reçu qui m'a été donné par MM. Gambogi et Cie, et en voici les termes :

Paris, 27 avril 1870.

« Reçu de **M.** Simon, notaire, pour le compte
» de **M.** Camille De la Croix, prêtre à Poitiers,
» la somme de quinze mille francs (dont trois
» mille reçus le vingt-cinq courant) en compte
» sur la publication des œuvres musicales des
» PP. Lambillotte, en cours d'exécution et sui-
» vant traité.

Signé : CH. GAMBOGI et Cie.

Je crois la réponse sans réplique pos-
sible.

Quatrièmement. — Pour repousser le
moyen tiré de *l'inexécutîn de la publication,* et du *défaut de paiememt,* voici ce
que l'on m'oppose :

« **Admettre** que la vente était conditionnelle et subordonnée à l'exécution
des conditions du traité, c'est violer le
contrat, puisqu'il stipule que De la Croix
a cédé d'une manière absolue la propriété artistique dont il est question ; agir
ainsi ce serait créer en matière de
failllite un droit de *Rétention* ou de *Revendication,* en dehors de ceux définis par
la loi. »

Que d'erreurs dans ce peu de mots!

Le jugement reconnaît que j'ai fait à
Gambogi et Cie une vente, une cession;
que c'est un contrat à titre onéreux.

On ne pouvait dire autrement, car
voici ce que porte l'acte du 30 septem-

bre 1869 (enregistré le 80 mars dernier) :

» *A*. La propriété des œuvres est cédée sans aucune restriction par De la Croix ;

» *B*. Gambogi et Cie s'engagent à publier ces œuvres à mesure de la remise des manuscrits ;

» *E F*. De la Croix s'oblige à avancer les frais de l'édition ;

» Gambogi et Cie justifieront de l'emploi des fonds tous les trois mois, et les rembourseront par une retenue du quart sur le prix fort des exemplaires qu'ils vendront. »

N'est-ce pas là le contrat *Do ut facias* ?

« Mais, dit le jugement, sous l'article *A*, vous abandonnez *d'une manière absolue, complète* et sans conditions. »

Non, puisque l'article *B* stipule que Gambogi et Cie publieront et l'article *F* qu'ils rembourseront.

Gambogi et Cie ni son syndic ne peuvent, d'un contrat, invoquer ce qui leur profite et repousser ce qui les charge. Comme la langue française ne possède ni mots ni phrases qui puissent expliquer à la fois, tout d'un coup, des conditions réciproques et multiples, il faut accepter tout ce qui est dit dans le traité, dont les clauses se combinent, bien qu'exprimées successivement.

Il n'est pas vrai de dire que je vous ai cédé d'une manière absolue et sans compensation ; j'ai vendu à charge par vous d'accomplir certaines choses, c'est là mon prix. Puisque vous ne payez pas ce prix, la résolution de la vente ne peut m'être refusée.

Est-il utile de répondre au reproche *que je veux créer une nouvelle espèce de Revendication, de Rétention, inconnue à la loi commerciale* en matière de faillite ?

Je ne le crois pas ; car pour tous les hommes connaissant les premiers élément du droit, il est évident que ce que je réclame, c'est l'application d'un principe emprunté par la loi au sens commun. Le voici formulé par l'article

1654 du code civil : *Si l'acquéreur ne paie pas le prix, le vendeur peut demander la résolution de la vente.*

Tout ceci bien compris, il ne reste rien du jugement du Tribunal de commerce, ma demande subsiste dans son entier.

C'est à l'aide de faits contraires à la vérité et en violation des préceptes légaux que cette demande a été repoussée. J'espère que la Cour me rendra justice en me restituant ma propriété.

Il reste une autre question à résoudre qui est le corollaire de celle que j'ai examinée ci-dessus.

« La résiliation du traité me donne-
» t-elle la propriété des planches gra-
» vées èt des éxemplaires imprimés? »

Je dirai quelques mots à ce sujet.

D'après le traité, mon droit n'est pas douteux, il stipule à mon profit un privilége sur les planches fabriquées avec l'argent que j'ai donné, et Gambogi et Ce ne doivent acquérir la propriété de chaque livraison qu'après me l'avoir intégralement payée.

Ce droit, le Tribunal de commerce semble le considérer comme contestable; je ne sais pourquoi. L'avocat du syndic le dira sans doute devant la Cour et je répondrai.

Mais il est un autre motif qui tranche la question, c'est que si la propriété des œuvres m'appartient, nul autre que moi ne peut, à peine d'être considéré comme contrefacteur, en posséder la gravure et les exemplaires qui sont un accessoire, une émanation du droit de propriété et que, tout au plus (sauf mon privilége que je réserve) pourrait-on me réclamer de rembourser le prix du métal et du papier employés.

Cette question perd beaucoup de son intérêt par le motif que, comme je l'ai dit, les planches ne sont pas libres, et que l'artiste qui les a gravées, M. Parent, n'est pas entièrement payé de son travail et les détient toutes.

Je ne suis pas disposé à contester le

droit **de M.** Parent, et si je continue à réclamer et les planches et les exemplaires, c'est pour sauvegarder complétement ma propriété ; sauf, quand elle sera reconnue, à indemniser qui y aura droit.

En terminant, je me mets avec confiance sous la protection de la Cour qui n'oubliera pas que l'intérêt que je défends, c'est réellement celui de la religion et, en conséquence, celui de tou tle monde.

Camille DE LA CROIX.

Paris, le 15 septembre 1872.

IMPRIMERIE CENTRALE DES CHEMINS DE FER. — A. CHAIX ET C⁽ᵉ⁾.
RUE BERGÈRE 20. A PARIS — 16000-2.